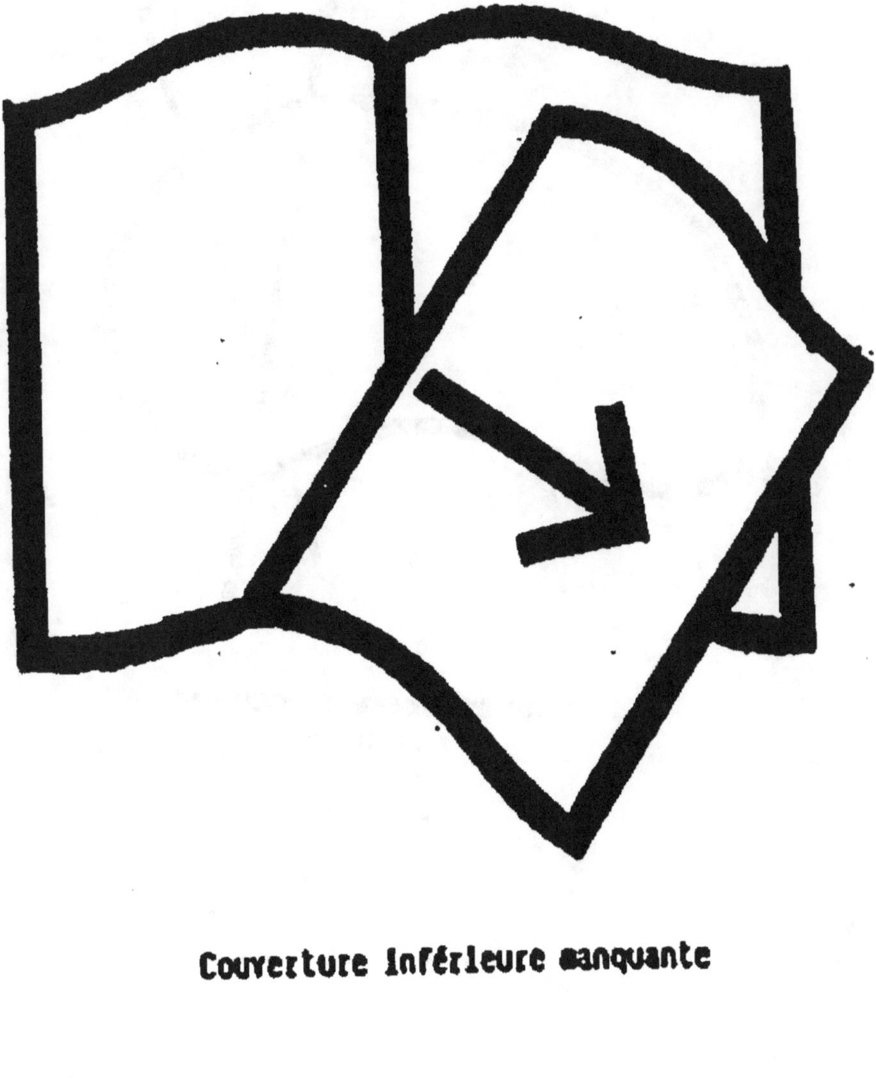

Couverture inférieure manquante

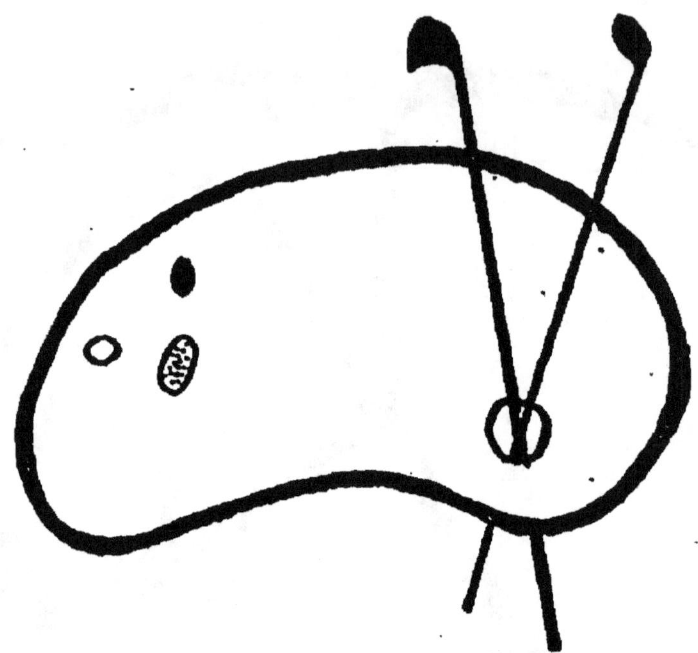

DEBUT D'UNE SERIE DE DOCUMENTS
EN COULEUR

M. Baher Sedky

L'EGYPTE AUX EGYPTIENS

Griefs « justifications et revendications

Librairie Nouvelle de Lausanne
1919

APPEL AU PEUPLE SUISSE

Les droits de l'homme, découlant des nobles principes d'égalité, de liberté et de fraternité, sont foulés aux pieds par une minorité d'impérialistes et de capitalistes, qui s'arrogent le protectorat sur les peuples faibles et leur imposent des traités égoïstes, tendant soit à écraser un concurrent fort, soit à asservir les peuples soi-disant protégés. Un grand nombre de peuples ainsi protégés se trouvent condamnés à vivre dans l'angoisse, dans l'asservissement et les gémissements. Spectacle tragique : la plus criante injustice règne en maîtresse sous le couvert de la légalité ; le meurtre, la rapine, la misère et l'esclavage, autant de plaies secrètes sur le corps de la civilisation.

Ces peuples victimes sont aujourd'hui las d'espérer et d'attendre que la pitié de leurs exploiteurs vienne les tirer de la misère où ils sont plongés et leur assurer une paix véritable garantissant la personnalité morale de l'homme. Les peuples, pris par les siècles comme par des torrents, s'apprêtent à résister aux puissances qui se jouent de leur destinée.

Par bonheur, à l'horizon, le ciel assombri par tant d'injustices vient de s'éclairer d'une douce et bienfaisante lumière. Un esprit de conciliation excluant la violence et l'iniquité vient de naître dans le cœur de l'élite. L'heure de la délivrance des peuples, petits et grands, a enfin sonné. La guerre, quelque meurtrière qu'elle fût, eut l'heureux effet d'ouvrir les yeux des hommes. Les peuples réveillés d'un lugubre sommeil secouent leur torpeur et travaillent à la conquête d'un idéal commun à toutes les nations, pour éviter ainsi le retour au tragique système où la vie et la mort de tous sont à la merci de quelques-uns.

La souffrance et la haine sont destinées à disparaître en même temps que la diplomatie secrète qui épuise. Chaque peuple a le droit de régler son sort selon ses aspirations. Toutes les bonnes volontés tendent vers un idéal dans lequel communie toute l'humanité.

Parmi les peuples qui souffrent et gémissent sous un joug funeste à leur prospérité, on peut citer, et nommer en première ligne, le peuple égyptien. Et c'est en simple citoyen, douloureusement éprouvé par l'exil et la prison, que j'ose me croire, devant le peuple suisse, le fidèle interprète de la juste cause de ma patrie.

Le peuple suisse n'a point cessé de porter intérêt, après s'être libéré lui-même, au sort des nations opprimées et compte parmi les siens de grands et courageux défenseurs du droit des peuples. Nous autres Egyptiens, nous sommes convaincus que nous trouverons des défenseurs sincères de notre cause dans la patrie de Rousseau et de Mme de Staël, dans cette Suisse qui a accueilli des réfugiés et des proscrits de tous les pays et dont les sentiments se sont toujours élevés contre l'injustice et le despotisme. Et c'est dans l'espoir de rallier à la cause de mon pays quelques esprits libres et généreux, que je présente au public l'opuscule que voici, où j'ai essayé de mettre en lumière les méthodes anglaises pour asservir l'Egypte.

En sollicitant l'indulgence du lecteur pour la défectuosité de mon langage, je le prie de croire que c'est un cri jailli du cœur et non un ouvrage littéraire ou historique. Le lecteur peut ne pas me croire ou trouver que j'exagère, c'est son plein droit, mais s'il quitte ses préjugés actuels pour examiner sincèrement l'exact état des choses et en dégager la vérité politique, ma brochure n'aura pas été écrite en vain.

Un autre ouvrage, plus complet et plus documenté, paraîtra sous peu. Les preuves les plus irréfutables de la perfidie anglaise et les documents les mieux faits pour peindre l'exact état des choses, rassemblés méthodiquement, feront entrer dans l'esprit de nos lecteurs une telle lumière que j'ose espérer que toute l'opinion se prononcera en notre faveur. Une profonde sympathie naîtra alors sans doute dans le cœur de ceux qui nous liront et, touchés par les malheurs et la décadence de notre peuple, jadis si glorieux et si prospère, aujourd'hui si infortuné et si éprouvé, ils jugeront que l'affranchissement de l'Egypte du joug anglais est une nécessité absolue pour l'établissement d'une paix générale juste et durable. En un mot, nous sollicitons dès maintenant que la question égyptienne figure au nombre de celles qui sont mises à l'étude par les institutions suisses organisées en vue d'étudier et d'établir les bases de la Ligue des Nations.

Baher Sedky.

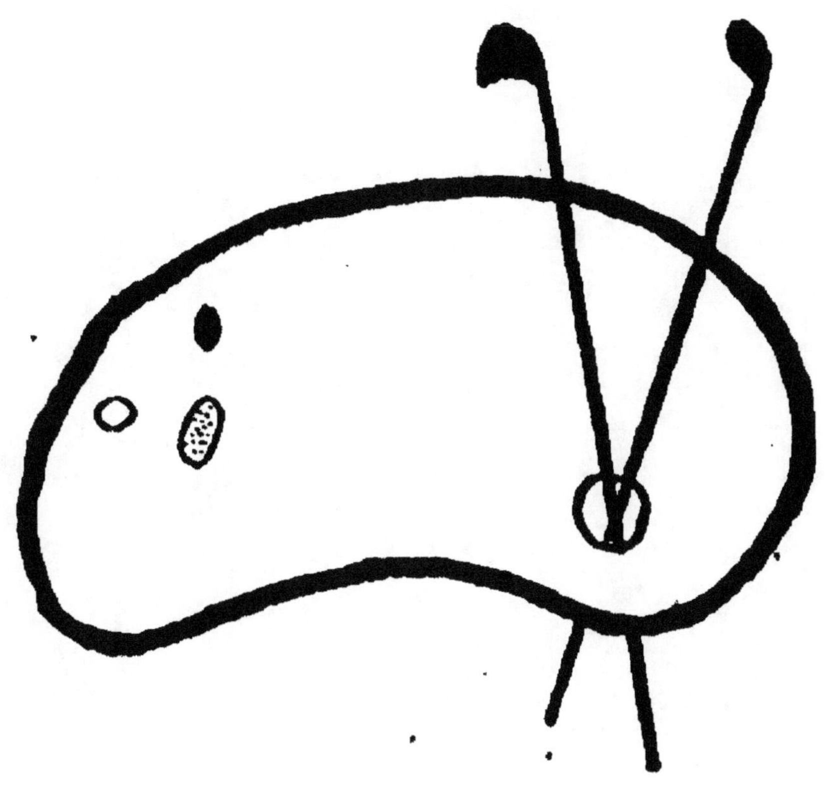

FIN D'UNE SERIE DE DOCUMENTS
EN COULEUR

L'Egypte aux Egyptiens

970

M. BAHER SEDKY

L'Egypte aux Egyptiens

SON ASSERVISSEMENT, SA LIBÉRATION

RÉVÉLATIONS SUR L'ŒUVRE D'ASSERVISSEMENT DU PEUPLE ÉGYPTIEN

EDITION

DE LA

LIBRAIRIE NOUVELLE DE LAUSANNE

1919

L'Egypte aux Egyptiens

I

Il y a de par le monde bien des peuples opprimés dont la misère criante est systématiquement ignorée en Occident et il semble que tout l'effort de certaines propagandes s'emploie à entretenir cette ignorance et à dissimuler les injustices dont ces peuples souffrent et dont ils meurent. Les gouvernements intéressés ont organisé une formidable conspiration du silence dont l'Egypte est une des principales victimes. Ainsi, l'opinion suisse ne soupçonne nullement la nature des traitements infligés aux Egyptiens, car si elle en avait seulement un semblant d'idée, des protestations s'élèveraient de toutes parts. Mais on pourrait compter ceux qui savent que le régime que nous subissons insulte de la manière la plus outrageuse aux propres principes politiques de la Suisse.

Malheureusement pour nous, nos droits les plus incontestables et les plus évidents sont l'objet d'une générale méconnaissance de la part de ce pays aux nobles institutions. Nos revendications les plus légitimes, nos aspirations à l'indépendance, notre désespéré désir d'être nous-mêmes, loin de rencontrer la bienveillance de la presse romande, si généreuse pourtant à l'égard d'autres peuples opprimés et si accueillante à leurs plaintes, n'y suscitent pas même le plus léger intérêt. Ceux d'entre nous qui essaient d'élever la voix pour faire connaître l'exact état des choses se voient privés de toute tribune par le fait que ces journaux ont adopté le point de vue de l'Entente. On peut même remarquer le souci que la presse met à publier ce qui est préjudiciable à nos intérêts et à cacher ce qui est de nature à nous ménager les sympathies de l'opinion.

Rien donc n'y a fait, ni la légitimité patente de notre cause, ni l'évidence de notre bon droit, ni le poids des bonnes raisons alléguées: il ne s'est pas trouvé un journal qui se soit mis en peine d'examiner sérieusement nos revendications. Aujourd'hui que nous sommes en possession d'une des mille preuves propres à confondre nos oppresseurs, nous nous adressons directement à l'opinion pour lui soumettre cette preuve, certains que la gravité du fait fera comprendre à chacun l'urgence et le bien-fondé de nos plaintes.

Ce document dont nous reproduisons plus bas le fac-similé, fait apparaitre en plein jour les procédés sommaires que les Anglais mettent au service d'un impérialisme éhonté. Après en avoir pris connaissance, on saura que penser de la bonne foi d'une propagande habile à insinuer que les Egyptiens se félicitent, après l'avoir souhaité de tous leurs vœux, du régime anglais ; on verra s'ils sont les bénificiaires ou les victimes du nouvel état des choses.

II

On ignore généralement en Suisse à quels procédés de répression et d'intimidation les Anglais ont recours en Egypte. C'est l'emprisonnement ou le bagne, la déportation à Malte ou l'exil à l'étranger, enfin le knout, administré aux postes de police, avec un zèle infatigable, à tous ceux qui auront donné à leur mécontentement une expression publique ou témoigné quelque mauvaise humeur à se soumettre aux lois anglaises.

Ces méthodes, dont tout le moins qu'on puisse dire est qu'elles ne sont pas dignes d'un pays de la haute civilisation de l'Angleterre, sont toutefois dépassées en cruautés par une invention toute récente, destinée à contraindre tous les récalcitrants à accepter bon gré mal gré la nationalité anglaise. Cette invention, c'est la menace par la faim.

Voilà un gouvernement se disant champion de la civilisation et protecteur des faibles qui accable les patriotes égyptiens de ses mauvais procédés, jusqu'en leur exil en Suisse ; qui invente le supplice de la faim pour ces malheureux déjà éprouvés par l'inexprimable douleur

de l'exil, pour les amener à accepter la natio-
lité anglaise ! Ce calcul d'un macchiavélisme
éhonté trouvera toutefois un juste démenti,
car jamais les Egyptiens ne renonceront volon-
tairement à leurs droits et jamais ils ne voudront
devenir sujets d'une nation qui a ruiné leurs
institutions et trompé leur confiance.

On a de la peine à croire qu'un peuple qui
se considère comme le plus libéral, le plus
généreux et le plus loyal des peuples européens, tolère une politique aussi contraire à
ses propres principes. Mais le fait est là et
on ne saurait le nier. Et puisque le peuple
anglais demeure sourd à nos protestations,
que faire, sinon invoquer les sentiments de
solidarité de tous les hommes restés sensibles
à leurs devoirs humains ?

La vérité, c'est qu'au moment même où le
devoir patriotique est exalté partout, il y a
des Egyptiens qui n'ont le choix qu'entre
trahir leurs propres sentiments ou croupir
dans la misère ! Voilà en quels termes se pose
le dilemme dont l'Angleterre se sert contre
nous comme de la plus cruelle arme morale.

Nous regrettons hautement qu'on n'ait pas
accordé en Suisse, du moins jusqu'à présent,
à notre pauvre peuple souffrant l'intérêt que
certainement il mérite. Mais quelque générale

que soit la tiédeur des sentiments à l'égard
de notre cause, nous n'en abandonnerons pas
la défense. Nous sommes un peuple musul-
man qui jouissait naguère d'une souveraineté
quasi complète et qui se trouve à présent
privées de ses libertés les plus essentielles. Cela,
nous ne cesserons de le dire, parce que nous
ne sommes pas de ceux qui s'inclinent devant
l'injustice comme devant un fait accompli qu'on
ne saurait changer.

Notre but a toujours été de provoquer un
mouvement tendant à rappeler à l'Angleterre le
respect des traités internationaux qu'elle a signés
et qui garantissent l'indépendance de l'Egypte.
Mais nos efforts ont été constamment déçus
et si l'on a reproché à l'Allemagne sa politique de chiffon de papier, on ne l'a jamais fait
à l'Angleterre qui avait pourtant pris devant
le monde l'engagement solennel d'évacuer
l'Egypte. On s'étonne du zèle déployé en faveur de tant d'autres nationalités opprimées,
y compris les tribus sauvages d'Afrique, et de
la parfaite indifférence qu'on n'a cessé de témoigner à nos propres aspirations, non moins
légitimes et non moins dignes d'intérêt, semble-t-il, que celles des protégés noirs de Mon-
sieur Lloyd Georges. On répand des larmes
sur le sort des Italiens, pourtant relativement

libres sous les Habsbourg, tandis que les yeux restent secs quand il s'agit des Egyptiens, bel et bien opprimés par l'Angleterre. C'est là une singulière application du principe des nationalités.

Cette brochure n'a pas d'autre but que d'exprimer les regrets unanimes que nous inspire l'attitude, si dédaigneuse à notre égard, de la presse romande, et de répondre aux thèses répandues par la propagande anglaise. Nous la déplorons sincèrement, mais nous sommes loin de juger cette attitude-là aussi sévèrement que le fait M. Oltramare, un Suisse romand, qui déclare dans sa brochure intitulée « l'Indépendance de notre Presse ».

« ... Jusqu'à la débâcle roumaine en automne dernier notre presse romande montra un zèle excessif en faveur des alliés ; je dis « excessif » parce qu'il compromettait la cause même qu'elle voulait servir. Nos journaux passaient pour les organes les plus orthodoxes de l'Entente, plus « alliés » que les Alliés. Ils avaient cette discipline intérieure qu'on recommande tant pour remplacer le drill. Jamais un de leurs articles n'eût mérité les coups de ciseaux d'une censure anglo-française.

Ce service volontaire devait nécessairement enlever toute autorité aux jugements de notre presse.

Nos journalistes épousèrent toutes les questions de l'Entente et défendirent toutes ses réclamations et revendications, quelles qu'elles fussent ».

Mais, quoiqu'il en soit, nous ne renonçons pas complètement à l'espoir de convaincre l'opinion publique de l'excellence de notre cause. Les principes les plus sacrés de l'humanité se trouvent offensés du régime que nous subissons et quand ils sauront toute la vérité, il ne sera plus possible aux peuples d'assister avec indifférence aux tortures infligées à un autre peuple. Nous avons foi en un avenir meilleur et cet avenir-là, notre but est de le hâter par tous les moyens en notre pouvoir. L'injustice n'aurait raison de nous que si nous nous laissions aller lâchement à la souffrir en silence.

Du reste, si l'attitude de l'ensemble de la presse romande à notre égard nous a été hostile, il n'en a pas été de même de celle adoptée par le Conseil fédéral.

Nous mettons sous les yeux de nos lecteurs le fac-similé d'un télégramme à un Egyptien se trouvant dans l'absolue nécessité de se rendre aux exigences de l'autorité anglaise. Ce document trahit nettement l'intention de faire passer pour sujets anglais les Egyptiens résidant en Suisse.

Telegramm — Télégramme — Telegramma

+ de·cairo 344 25 5 10/30·

MARSEILLE

Contr. 9295

+ v malte .+ mohamed·baker c·/ o

directeur mission·scolaire

egyptienne·genevesuisse

.+ autorises exigent·pour envoi·mensualites·obtention immediate
passeport·comme·protege anglais as tu·recu lettre·.+ mansour sedky .+

TRANSMISSIBLE

12 H50

Mais le point de vue adopté par le Conseil fédéral après la proclamation du protectorat anglais sur l'Egypte est bien net. Conscient de ses devoirs de représentant d'un pays neutre, le Conseil fédéral ne reconnut pas le régime imposé à l'Egypte par l'Angleterre et continua comme par le passé à accorder au souverain égyptien, illégalement dépossédé, toutes les immunités attachées à sa qualité de Khédive d'Egypte.

Nous savons gré au Conseil fédéral de son attitude à l'égard de notre pays et de notre souverain et nous nous félicitons hautement de demeurer sujets ottomans aux yeux des autorités suisses. Nous sommes, en effet, sujets ottomans en vertu des traités internationaux et notre sentiment national s'en trouve parfaitement satisfait, car notre attachement à l'Empire ottoman est réel. Rester étroitement unis à la Turquie, c'est là, comme nous essayerons plus loin de le prouver, la base de nos institutions nationales et un sûr garant de nos libertés.

III

Les Anglais, confondus par leur propre audace et ne sachant comment légitimer l'odieux attentat commis par eux sur un peuple d'ancienne civilisation, mirent en circulation un ensemble de thèses entièrement mensongères. Avec un impavide aplomb venant de leur totale indifférence du vrai et du faux, du droit et du tort, ils soutiennent que grâce à eux l'Egypte a été délivrée de l'insupportable joug turc. Cette thèse qui constitue un flagrant mensonge est très répandue et il est nécessaire d'en montrer le néant.

Pour en faire voir l'absolue fausseté et l'entière absence de fondement, nous allons mettre sous les yeux du lecteur d'officielles déclarations émanant d'hommes d'Etat anglais. Ils se rendront ainsi compte du changement radical intervenu brusquement dans l'orientation de la politique britannique et ils apprécieront la substitution, si lestement accomplie, d'un point de vue à un autre. L'accroc aux principes les mieux établis dont l'Angleterre s'est rendue coupable, apparaîtra à tous les yeux avec une suffisante évidence.

Lord Granville, secrétaire du Foreign Office, déclara ce qui suit dans une dépêche adressée le 4 novembre 1881 à Sir Ed. Malet : « La politique du gouvernement de Sa Majesté n'a d'autre but que d'assurer à l'Egypte la prospérité et la pleine jouissance des libertés que le Khédive a obtenues en différents firmans. Notre désir est de voir l'Egypte maintenue dans l'indépendance administrative à lui garantie par le Sultan. Le gouvernement de Sa Majesté agirait à l'encontre des meilleures traditions de son histoire, s'il se proposait de diminuer cette liberté en quoi que ce soit. Le lien qui unit l'Egypte à la Turquie est une sauvegarde contre toute intervention étrangère. Si ce lien venait à se rompre l'Egypte risquerait de devenir dans un avenir non éloigné la proie d'ambitions rivales. »

Ce langage est net et il n'est pas permis de s'y tromper : l'Angleterre agirait à l'encontre de ses traditions historiques si elle diminuait la liberté garantie à l'Egypte par le Sultan. Or, si c'est grâce à l'Empire ottoman et plus spécialement grâce à différents firmans accordés au Khédive par le Sultan que l'Egypte jouit de l'indépendance et si celle-ci, comme c'est effectivement le cas, a été respectée par la Turquie, il est scandaleux que les Anglais osent se prévaloir aujourd'hui d'une soi-disant délivrance de l'Egypte du joug turc.

Par surcroît, le premier ministre lord Salis-bury, déclara dans son discours au banquet du lord Maire, le 9 novembre 1891 : Notre but principal n'est pas de couper le lien qui unit l'Egypte à la Turquie. Tout au contraire, nous désirons maintenir l'Egypte dans sa position actuelle vis-à-vis de l'Empire ottoman. C'est là le but que nous poursuivons et que nous espérons atteindre bientôt ».

La position de l'Egypte vis-à-vis de l'Empire ottoman est caractérisée par un lien indissoluble unissant les deux pays, et cette position-là, les Anglais voulaient naguère la respecter et la maintenir. Il est d'autant plus à regretter que la presse romande dans son ensemble oublie la haute leçon de pareilles déclarations et de pareilles promesses, qu'elles ont été articulées par des hommes d'Etat anglais en personne.

Il importe de noter ici que toutes les injures déversées sur le Khédive d'Egypte, pourtant reconnu par le Conseil fédéral comme le souverain légitime de l'Egypte, blessent directement notre sentiment national. Mais l'unanime regret que nous inspire l'attitude de la presse est largement contrebalancé dans nos cœurs par la reconnaissance que nous vouons au gouvernement suisse. Notre loyalisme a reçu de sa part un encouragement auquel nous avons été d'autant plus sensibles que les marques de sympathie nous viennent très rares.

———

IV

Le respect des traités ne semble malheureusement pas s'imposer aux uns comme aux autres et à cet égard la presse romande paraît bien avoir deux poids et deux mesures. Ainsi la violation par les Allemands du traité garantissant la neutralité de la Belgique soulève son indignation tandis que la violation par les Anglais de celui qui garantissait l'indépendance de l'Egypte est une bagatelle qui la fait sourire.

Le traité de Londres, signé le 15 juillet 1840 par l'Angleterre, la France, la Prusse, l'Autriche et la Russie et conférant à Mohamed Ali l'administration héréditaire de l'Egypte ; le firman qui confirme ce traité et qui fut à son tour reconnu par les signataires de l'acte de Londres ; le firman de 1875, obtenu par Ismaïl Pacha et confirmant la suprématie de l'Egypte sur le Haut-Nil sont autant d'actes garantissant à l'Egypte l'autonomie sous la suzeraineté du Sultan. Ne sont-ce pas là des traités frappés du même caractère d'inviolabilité que celui qui garantissait la neutralité de la Belgique ?

Malheureusement, l'Egypte qui constituait un Etat quasi indépendant, avec un gouvernement strictement national, et qui jouissait de tous les droits souverains si l'on excepte quelques restrictions concernant l'armée et la diplomatie, malheureusement, dis-je, l'Egypte ne parait pas être aux yeux de la presse romande un pays méritant l'intérêt au même titre que la Belgique. Nous ne pouvons nous empêcher de regretter que cette presse fasse sien le point de vue anglais actuel en oubliant que les Anglais eux-mêmes, par la bouche de leurs propres hommes d'Etat, renoncèrent naguère à toute visée annexionniste et déclarèrent que l'Egypte devait rester libre. Ce point de vue, inutile de le dire, se trouve en opposition avec tous les principes aujourd'hui en honneur; nous croyons qu'il a été adopté par la presse suisse romande sans connaissance de cause et nous espérons qu'il se modifiera de lui-même dès que toute la lumière aura été faite.

La reine Victoria elle-même déclara dans son discours du trône du 7 novembre 1882 : « J'userai de toute mon influence pour maintenir les droits déjà établis grâce aux décrets du Sultan et à divers engagements internationaux, et cela, je le ferai dans un esprit favorable au bon gouvernement du pays ainsi qu'au développement rationnel de ses institutions ». On comprend difficilement, si on compare son attitude à ces paroles de bienveillance et de sage modération d'une reine anglaise, la malveillance comme systématique de la presse romande à notre endroit.

Un acte, signé le 25 juin 1882 par lord Dufferin et les représentants de cinq puissances, renfermait ce passage : « Les gouvernements représentés par les soussignés s'engagent à accepter n'importe quel arrangement pris à l'unanimité pour le règlement des affaires d'Egypte et à renoncer à tout avantage territorial ainsi qu'à tous privilèges ou concessions commerciales en faveur de ses sujets que les sujets des autres nations ne seraient pas à même d'obtenir ».

D'autre part Sir Henri Drumond-Wolf, envoyé extraordinaire à Constantinople, a reconnu expressément que l'occupation définitive de l'Egypte constituait une violation du droit international. « Le gouvernement de Sa Majesté, affirmait-il en 1889 au Grand-Vizir, le gouvernement de Sa Majesté dément l'intention qu'on lui prête d'annexer l'Egypte ou d'y établir son protectorat. On a à maintes reprises suggéré à mon gouvernement l'idée d'oc-

cuper définitivement l'Egypte, mais ce ne serait là ni plus ni moins qu'une violation du
droit international. »

Pour finir notons encore que lord Gladstone,
premier ministre, déclara à la Chambre des
communes, ainsi que lord Grandville à la
Chambre des lords, en juillet 1882: « Le gouvernement britannique n'a pas de visées spé-
ciales sur l'Egypte. Il n'y envoie des troupes
que pour rétablir l'ordre compromis et rendre
au Khédive l'autorité perdue. Elle a l'intention bien arrêtée de soumettre au concert européen le règlement définitif de la question
égyptienne ».

Par cet engagement formel l'Angleterre
reconnaît que la question égyptienne relève
du concert européen et se trouve être un problème esssentiellement international.

V

Les Anglais qui avaient donné pour pré-texte à leur participation à la guerre euro-péenne, le désir de défendre la neutralité de la Belgique et la volonté bien nette de main-tenir les traités internationaux, ont en cela grossièrement trompé l'opinion publique. Car pour avoir le droit de défendre un principe et un idéal humain, il faut être soi-même imbus de ce principe et de cet idéal. Or, les Anglais qui prétendent défendre la neutralité de la Belgique, violée par l'Allemagne, oublient qu'ils se sont rendus coupables, de manière non moins flagrante, d'un crime semblable.

L'Egypte, pays souverain comme la Belgique, n'avait été occupée que provisoirement et l'éva-cuation du pays avait été decidée à maintes reprises par les Anglais eux-mêmes qui n'igno-raient pas le caractère nettement illégal de leur occupation. En novembre 1882, lord Gladstone déclara à la Chambre : «... L'oc-cupation n'est que provisoire et le gouverne-ment de Sa Majesté signera prochainement un accord avec le gouvernement égyptien. » En 1884, le même déclara : « Nous prenons l'engagement de ne pas prolonger l'occupation militaire de l'Egypte au-delà du 1er janvier 1888, si les puissances déclarent à cette date que l'état du pays est tel que notre départ ne risque plus d'y compromettre l'ordre. Si nous avions l'intention de paralyser l'action des puissances par notre résistance, si nous avions de pareilles idées de derrière la tête, je n'hésiterais pas à dire que notre pays s'en trouverait déshonoré ».

M. Campell Bannermann fit le 9 octobre 1894 dans le « Neues Wiener Journal » la déclaration suivante : « Nous ne saurions rester indéfiniment en Egypte sans violer les plus solennels engagements et nous attirer le mépris de l'Europe ».

Lord Salisbury, premier ministre, dit expressément à M. Weddington, le 3 novembre 1886 : « On se trompe grandement chez vous, lorsqu'on croit que nous avons l'intention de rester définivement en Egypte. Nous ne cherchons qu'à en sortir honorablement et nous sommes décidés à l'évacuer». Le même déclara à la Chambre des lords, le 10 juin 1887 : « Le gouvernement de Sa Majesté, conformément à ses engagements antérieurs et aux règles du droit international, ne croit pas pouvoir placer l'Egypte sous son protectorat; son rôle doit se

borner à s'entendre avec la Porte pour défendre les états du Khédive contre tout dé-
sordre politique et à maintenir le *statu quo*
dans la vallée du Nil. Une convention conclue
à cet effet avec la Turquie, stipule que l'occupation anglaise cessera dans trois ans. »
En 1889, il fit devant la même Chambre la
déclaration suivante : « Nous ne pouvons proclamer notre protectorat sur l'Egypte et nous
n'avons nullement l'intention d'occuper indéfiniment ce pays. Ce serait manquer aux propres engagements de l'Angleterre ». Mais en
attendant, non seulement ils continuent à occuper l'Egypte, mais encore ils y ont procla-
mé leur protectorat, et demain ils l'annexeront
purement et simplement.

Après cela croyez, si vous le pouvez encore,
à la parole d'honneur des Anglais.

VI.

Certes, on ne saurait nier que la politique de l'Angleterre a failli aux principes dont ce pays se dit le plus fier et l'honneur et le prestige britanniques ont subi de ce fait une indéniable éclipse. Mais la violation des traités dont la Grande Bretagne s'est rendue coupable n'est pas seulement une faute morale, c'est encore une erreur politique. Le fait de violer des traités et de renier des engagements solennels entraîne des inconvénients dont l'effet n'est pas toujours neutralisé par des avantages supérieurs. L'Angleterre, en s'immisçant dans les affaires d'Egypte, a fait du problème égyptien l'objet d'une discussion générale. Elle s'est exposée aux reproches les plus justifiés et beaucoup de soucis lui essent été épargnés si elle avait laissé l'Egypte dans l'état où elle était.

Rien ne saurait justifier ce méfait dont les conséquences pèseront sur l'Angleterre de tout eur poids. Tout habile qu'elle fut, elle se rendra un jour compte de son erreur, erreur dont lord Kitchner est directement responsable. Lord Kitchner convoitait la vice-royauté de l'Egypte et ce fut lui qui poussa le gouvernement anglais à s'emparer définitivement de l'Egypte.

D'anciens et éminents hommes d'Etat anglais avaient prédit la ruine de la politique anglaise, si elle venait à commettre l'erreur qu'il y avait à violer des engagements solennels et à proclamer sur l'Egypte le protectorat britannique. Ainsi sir Charles Dilke, sous-secrétaire au Foreign Office, dans son discours de Sidney, le 11 janvier 1893 : «l'Angleterre, déclara-t-il, s'est engagée à évacuer l'Egypte aussitôt qu'un gouvernement stable y serait établi. Le moment est venu de le faire, non seulement parce que nous l'avons promis, mais parce que notre strict intérêt le commande. C'est l'occupation de l'Egypte qui a conduit le gouvernement de Sa Majesté à céder Héligoland à l'Allemagne, à trahir les Hovas de Madagascar et à sacrifier les droits des colons de Terre-Neuve». Le 14 octobre 1895, à l'institut de Markham Square, le même déclara : « L'occupation de l'Egypte est une cause d'affaiblissement pour l'Angleterre. Comme nous n'avons aucun intérêt à nous y maintenir, il n'y a pas de raison propre à nous empêcher d'évacuer le pays ».

Lord Chamberlain, président du Board of

Trade, avait déjà dit en 1882 : « Je ne perdrai pas mon temps à démentir l'intention prêtée au gouvernement de Sa Majesté de vouloir maintenir sur l'Egypte un protectorat perpétuel. Ce serait préparer d'amers regrets à nos descendants que d'aller créer une nouvelle Irlande en Orient. Une fois l'ordre rétabli nous quitterons le pays. L'acquisition de Chypre, il est vrai, est de date trop récente pour ne pas éveiller des doutes sur la sincérité de notre désintéressement. Mais il faut considérer que tout ce qui tendrait à créer des malentendus entre la France et l'Angleterre serait un malheur pour l'un et l'autre de ces pays. Il est dans notre strict intérêt de ne pas indisposer contre nous notre grand voisin. Nos intentions se bornent absolument à rétablir l'ordre en Egypte et à assurer à ce pays la prospérité et l'indépendance. »

En outre, Sir W. Harcourt, Home Secretary, avait déclaré à Derby, le 15 avril 1884 : « L'Angleterre n'a nullement l'intention d'annexer l'Egypte et ne se reconnaît pas le droit de le faire. L'annexion de la Chypre a déjà été regrettable. Donc, ni annexion, ni protection. Nous évacuerons l'Egypte dès que l'ordre et la sécurité y seront assurés. »

De même lord Gladstone, premier ministre, avait inclus le passage suivant dans son manifeste électoral du 18 septembre 1885 : « L'Angleterre doit évacuer l'Egypte aussitôt que son honneur le lui permettra. Nous n'admettrons jamais qu'il pût être question d'annexion, de protection ou seulement de prolongation indéfinie de notre occupation et nous répudions toute idée de compensation en échange des efforts par nous accomplis et des services par nous rendus jusqu'à ce jour. La politique anglaise actuelle repose sur une erreur et ce qu'il y a de mieux à faire dans le cas présent, c'est de mettre fin au plus pressé à notre intervention. »

VII

A peine convoitée par eux, les Anglais s'étaient proposés d'occuper l'Egypte et de la mettre dans l'état d'asservissement bel et bien institué aujourd'hui. Il ne faut donc pas s'étonner si, en 1882, sous prétexte de rétablir l'ordre et de raffermir la situation du Khédive, compromise et menacée par le peuple égyptien, qui réclamait alors un régime démocratique et constitutionnel, les Anglais occupèrent le pays et lui imposèrent leur tutelle militaire et politique.

Malgré la déclaration suivante du premier ministre Gladstone dans un discours au banquet du Lord Maire, le 29 août 1882 : « Je l'atteste hautement devant le monde civilisé : L'Angleterre ne poursuit pas en Egypte ses intérêts particuliers, mais ceux du monde entier. L'Angleterre va en Egypte les mains nettes et sans desseins secrets. Elle n'a rien à cacher aux autres nations. Elle a le droit de requérir leur confiance et leur sympathie », et malgré celle-ci qu'il fit devant la Chambre des Communes : « Le gouvernement de Sa Majesté n'a jamais songé à annexer l'Egypte.

Ce serait porter atteinte au propre honneur de l'Angleterre », malgré cette double déclaration, dis-je, les Anglais ont commis l'acte qu'on sait.

Ils firent mine tout de suite de s'installer définitivement. Dès le jour de leur débarquement, ils travaillèrent à consolider leur position et à préparer le champ à leur funeste dessein. Au dehors ils essayèrent à coups de mensonges de détourner les regards de leur criminelle entreprise et d'endormir toute méfiance. Ce n'était que simagrées : à l'intérieur de l'Egypte ils enlevèrent sournoisement tout pouvoir aux autorités locales, si bien que notre pays se vit peu à peu privé de son autonomie et finalement confiné dans une liberté des plus relatives qui avait toutes les apparences du despotisme.

Le pouvoir apparemment confié à des ministres égyptiens ne quitta à vrai dire jamais les mains des Anglais. Le représentant de la Grande Bretagne et ses conseillers étaient les chefs réels des ministres et les maîtres absolus du pays. Mais non contents de jouer ce rôle prépondérant qui pourtant eût pu leur suffire, les Anglais ne firent qu'attendre l'occasion de s'approprier définitivement le pays qu'ils possédaient déjà si bien et cette occasion-là ne tarda pas à se présenter.

La guerre déchaînée entre la Turquie et l'Angleterre devait fournir à celle-ci un prétexte commode pour mettre fin au régime établi en Egypte par les traités internationaux et y instituer un régime nouveau et arbitraire : nous voyons l'Angleterre parvenue à réaliser ses convoitises et atteindre le but vers lequel tous ses efforts avaient tendu. Renonçant à toute obéissance aux notions de droit et de justice, elle agit en complet désaccord avec les déclarations officielles antérieures de ses hommes d'Etat et en contradiction non moins flagrante avec les assurances qu'elle avait données à l'Europe. Oubliant la déclaration catégorique faite à Sa Majesté le Sultan de Turquie par Sir Edouard Mallet, consul général au Caire, le 21 septembre 1881, disant : « Le gouvernement de Sa Majesté n'a en vue que le maintien de l'autorité souveraine de la Porte et des pouvoirs du Khédive. Il ne désire ni occuper, ni annexer l'Egypte », oubliant, dis-je, cette déclaration qu'on n'aurait pu souhaiter plus claire, le Roi d'Angleterre signa de sa propre main, le 19 décembre 1914, l'acte mémorable par lequel les traités internationaux se trouvaient foulés aux pieds et méconnns les engagements les plus solennels. Sa Majesté y prononça sans autre

et le plus naturellement du monde la dé-
chéance du souverain légitime et fit échoir
arbitrairement les droits de celui-ci ainsi que
ceux du Sultan, à son propre gouvernement.

La preuve du complet cynisme de la politique anglaise est faite une fois pour toutes
par les propres termes de la lettre envoyée
par le Commandant en chef des troupes britanniques en Egypte au Prince Hussein Kamel,
pour lui apprendre sa nomination au Sultanat
d'Egypte. Voici le passage le plus significatif
de cette lettre : « Le gouvernement de Sa
Majesté possède des preuves en assez grand
nombre pour être convaincu que S. A. Abbas
Hilmi, ex-Khédive d'Egypte s'est joint aux
ennemis de S. M. dès le début de la présente
guerre. C'est pourquoi le Sultan de Turquie et
l'ex-Khédive sont déchus de tous leurs droits
sur l'Egypte et ces droits échoient au gouvernement de S. M. Ensuite de quoi, et pour
remplir ses nouveaux devoirs envers l'Egypte,
le gouvernement britannique proclame son
protectorat sur ce pays dont le gouvernement
sera confié, sous sa protection, à un Prince
de la dynastie khédiviale, suivant un ordre
de succession à régler plus tard. Le gouvernement de S. M. m'a donc chargé de vous
informer que sur votre âge et votre expé-

rience il vous juge le plus propre à assumer le Khédivat d'Egypte avec le titre de Sultan ». Saurait-on imaginer cynisme moins déguisé et injustice plus flagrante ?

Les motifs allégués par le gouvernement anglais pour légitimer son acte sont si peu fondés et si dénués de sens qu'ils ne sauraient être autre chose en vérité qu'une arme morale que l'Angleterre a fournie contre elle-même à ses ennemis dans la guerre mondiale. Car le Khédive, en prenant fait et cause pour la Turquie, a agi en tous points conformément aux traditions du pays soumis à son gouvernement et en stricte harmonie avec les clauses claires et nettes des traités internationaux concernant l'Egypte.

Ainsi qu'il a été montré plus haut, les déclarations officielles et les solennels engagements de l'Angleterre stipulent, au contraire, la nécessité du maintien des liens qui unissent l'Egypte à la Turquie. Les Anglais méconnurent donc, au moment le plus tragique de leur histoire, leurs propres principes et en prirent littéralement le contre-pied. Que penser d'un peuple qui renie de cette façon ses engagements et qui trahit l'humanité entière en portant injustement atteinte à la souveraineté d'un autre peuple ?

Cet acte pour qui le mot brigandage n'est pas choisi trop fort, atteste le cynisme d'une politique entièrement immorale et il est à espérer qu'il trouve sa réparation sinon son châtiment. Nous n'allons pas jusqu'à souhaiter que la tombe que les Anglais ont mis 35 ans à creuser pour y mettre le peuple égyptien, les reçoive eux-mêmes. Mais si de prochains événements confirment cette vue de Bismarck: l'Afrique infailliblement deviendra la tombe des Anglais, si l'histoire, dis-je, un jour confirme cette vue, ce ne sera que justice.

VIII

La principale erreur dont notre cause ait à souffrir à l'étranger et particulièrement en Suisse, concerne l'état du peuple égyptien. La thèse mise en circulation par les Anglais est entièrement mensongère. Loin de se féliciter de la domination britannique, comme les intéressés voudraient le faire croire, les Egyptiens en souffrent atrocement.

On comprend que les Anglais dont les procédés d'annexion sommaires ne sauraient trouver d'autre excuse, cherchent par tous les moyens en leur pouvoir à faire apparaître l'effet de leur crime comme un bienfait pour l'Egypte. Habiles à tromper l'opinion, ils masquent la vérité derrière un voile de vils mensonges et dénaturent les faits au point de prêter au peuple égyptien des sentiments contraires à ses sentiments véritables.

Dans ces conditions on conçoit que la lutte est extrêmement difficile pour nous. Nous avons contre nous une puissante propagande, qui depuis des années répand sur l'etat de notre pays d'énormes contre-vérités. Quant à la presse au moyen de laquelle nous pourrions combattre ces mensonges elle nous est obstinément fermée. C'est ainsi que la voix d'un peuple lamentablement opprimé ne rencontre partout que l'ironie ou le parti-pris. Quant aux braves gens qui ont gardé intacts les principes dont s'énorgueillit à tort, semble-t-il, le monde moderne, la voix de mon peuple ne les atteint même pas : on a pris toutes les précautions nécessaires pour leur laisser ignorer à tout jamais le véritable état des choses.

En Egypte même une propagande acharnée est faite par les journaux syriens du pays pour berner le peuple, tandis que les journaux nationaux qui osaient dire la vérité furent supprimés. Dans ces conditions, comment s'étonner si à l'étranger les Anglais ont réussi à représenter les patriotes Egyptiens comme des farceurs ? Mais quelles que soient les difficultés auxquelles nous nous heurtons, et dussent-elles se multiplier encore, nous ne désarmerons pas devant l'injustice.

Exposer ici en détails l'ensemble des crimes dont notre peuple est victime, dépeindre ses souffrances et l'état malheureux qui est le sien, afin de persuader le monde de la justesse de notre cause et le rendre attentif à la profondeur de l'erreur où il est plongé, ce serait là une tâche qui dépasse singulièrement nos forces. Je dois me contenter de plaider la cause de ma patrie en réfutant devant l'opinion publique les principaux mensonges de la propagande anglaise.

Nous avons déjà montré le contraste frappant qui existe entre les multiples engagements pris par les Anglais devant le monde civilisé et l'irrespect total de ces mêmes engagements dès qu'il s'est agi de les tenir. Mais voici où l'hypocrisie anglaise éclate avec une ampleur inaccoutumée :

Pendant 35 ans ils ne laissaient pas passer un jour sans déclarer par la bouche de leurs hommes d'Etat qu'ils n'avaient d'autres buts que d'assurer au peuple égyptien son indépendance et qu'ils seraient prêts à évacuer l'Egypte dès que ce peuple serait capable de se gouverner lui-même. Or si, comme ils le prétendent, les Anglais ont activement contribué au progrès intellectuel, moral et économique du pays, comment se fait-il donc que le peuple égyptien n'a pas encore atteint le niveau intellectuel qui justifierait son émancipation ? C'est qu'au lieu de contribuer au développement du peuple, les Anglais n'ont fait, comme on va le voir, que l'asservir et que l'exploiter. Dès le premier jour de leur occupation ils ont agi conformément à ce plan dia-

bolique : abuser d'un peuple travailleur et do-
cile ; stériliser le plus possible ses remarqua-
bles aptitudes pour la science et les arts ;
endormir son intelligence et émousser son
énergie. Voilà ce que ne dit pas la propagande anglaise : c'est pourtant l'exacte vérité.

Cette même propagande tend aussi à faire
croire que l'Egypte s'enrichit. La richesse de
l'Egypte s'est incontestablement accrue depuis l'occupation anglaise. Mais l'accroisse-
ment des richesses va partout en proportion
directe de celle des habitants d'un pays ; il
n'y a rien là que de normal et en tout cas ce
n'est pas aux Anglais qu'on en doit faire re-
monter le mérite. D'ailleurs l'augmentation
des richesses n'a amélioré en rien le sort du
peuple dont la pauvreté millénaire est demeu-
rée semblable à elle-même. Ce serait se tromper étrangement que de croire les Anglais
assez naïfs pour permettre aux Egyptiens de
s'enrichir et ainsi leur ouvrir toutes grandes
les portes de l'indépendance nationale. Les
Anglais n'ont jamais eu d'autre but que de se
créer des colons pour cultiver les terres fer-
tiles de la vallée du Nil et fournir de coton
les filatures de Manchester et d'ailleurs. Du
reste, pour se faire une idée à peu près exacte
de l'état des choses, on n'a qu'à comparer le

développement extraordinaire des fortunes
d'Européens à l'appauvrissement correspondant
des citoyens égyptiens.

Les trois quarts des propriétés sont hypo-
théqués dans les banques étrangères et l'autre
quart est le plus souvent si mal exploité que
les propriétaires se trouvent dans l'inéluctable
nécessité d'emprunter de l'argent au taux ex-
orbitant de 200/00, ce qui semble simplement
incroyable, mais n'en est pas moins la stricte
vérité. Les cultivateurs dont le degré d'instruction est absolument insuffisant, sans syn-
dicats ni institutions analogues, se trouvent à
la merci des usuriers qui leur prêtent sur la
récolte de coton — pour laquelle un prix dé-
risoire est à l'avance fixé par l'acheteur-prê-
teur — et qui leur font payer le 20/00 pour la
durée d'un ou deux mois.

Mais quelles que soient la misère et l'ignorance
du peuple, le gouvernement ne fait rien pour
leur disparition et ne se soucie pas le moins
du monde du bien-être des paysans. La culture qui est la principale sinon la seule res-
source du pays est restée dans l'enfance et
les méthodes agricoles modernes sont totale-
ment ignorées. Dans un pays comptant qua-
torze millions d'habitants, les Anglais n'ont créé
qu'une seule école d'agriculture dont lenom-

bre d'élèves sortant chaque année est de cinquante.

A vrai dire les Anglais sont uniquement préoccupés d'étendre la superficie des terres arables pour assurer à leurs manufactures tout le coton nécessaire, et ils n'ont jamais travaillé qu'à perfectionner le système d'irrigation. Puis, le jour venu, ils monopolisent la récolte.

En 1914, l'année la plus terrible à passer pour les cultivateurs égyptiens, où les banques n'avancèrent rien, où les marchands refusèrent de faire les prêts habituels et même de rien acheter, les cultivateurs se virent forcés de céder le coton au vil prix de 2 L. E. le coutar. Pour comble de malheur, le gouvernement anglais ordonna de confisquer le coton au taux de 2 L. E. pour la perception des impôts impayés. La même année, pour recouvrer le reliquat des impôts, les Anglais se firent donner par ceux qui n'avaient ni coton ni bestiaux à vendre, les bijoux des femmes. Ces bijoux furent mis en caisses et expédiés directement en Angleterre.

En 1911, lord Kitchener avait organisé dans chaque district des « Kalakas », sortes de marchés pour préparer et faciliter la monopolisation du coton, dont une société an-

glaise allait acheter en bloc tout le produit.
Inutile d'insister sur la signification de la ma-
nœuvre. Tout dernièrement encore le gouvernement anglais a chargé une commission
spéciale de l'achat du coton pour le compte
de l'Angleterre. Il ne fait pas l'ombre d'un
doute que les Anglais exploitent de la manière la plus scandaleuse les agriculteurs
égyptiens.

Ce ne fut qu'en 1913 qu'un ministère de
l'Agriculture fut enfin institué, non pour le
plus grand bien du pays, mais plutôt pour
satisfaire aux vœux des filateurs de coton de
Manchester. Dans l'assemblée générale de la
confédération internationale des filateurs de
coton, ces derniers avaient invité le gouvernement anglais à prendre des mesures
énergiques pour arrêter la déprédation de
la qualité du coton d'Egypte. Celle-ci s'était
en effet dépréciée d'année en année par
suite des méthodes de culture insuffisan-
tes. Il importe de constater ici que les Anglais n'agissent jamais que poussés par leur
propre intérêt ; celui du peuple égyptien, il
ne s'en sont jamais souciés.

Il faut noter à cet endroit qu'un égal esprit
de désintéressement de l'intérêt des autres a
déterminé les Anglais à procéder à la des-

truction du ote tes les filatures nationales, créées par les soins du Khédive d'Egypte. C'est ainsi qu'ils rendirent le pays tributaire exclusivement de leurs propres manufactures.

Il apparaît que les Egyptiens qu'on croit à tort s'enrichir, se trouvent non seulement dans un état financier des plus lamentables, mais encore sont savamment acheminés vers leur ruine finale. Aux prises avec les intrus qui les exploitent et les ruinent, la plupart d'entre eux n'ont plus qu'un simulacre de vie.

Quant à nous autres patriotes égyptiens, il y a longtemps que nous ne nous berçons plus d'illusions sur le compte des Anglais et rien de ce qu'ils font et feront encore ne peut et ne pourra nous étonner. Mais nous n'en continuerons que plus délibérément à revendiquer les droits qui sont les nôtres et nous espérons que notre voix finira par être entendue.

Nous croyons fermement qu'on finira par nous rendre justice. On ne saurait nous la refuser en ce moment où tous les peuples sans exception prétendent combattre pour une paix basée sur les principes qui font l'honneur du monde moderne. Nous invoquons spécialement le principe des nationalités qui confère à tous les peuples le droit de disposer librement d'eux-mêmes et qui défend de les transférer d'une souveraineté à une autre comme on bouge des pions sur l'échiquier.

Nous souhaitons que la liquidation de toutes les questions litigieuses se fassent dans l'intérêt des populations intéressées et conformément au principe plus haut énoncé. Le monde n'a que trop souffert des cyniques compromis entre nations concurrentes en vue de satisfaire sur le dos de peuples plus faibles leurs ambitions égoïstes.

Le peuple égyptien, dont la civilisation est incontestablement l'égale de celle des nations d'Occident, mérite de disposer de lui-même comme tout autre peuple majeur, de participer à la solution du problème dont il est l'objet et de recouvrer enfin l'indépendance qui lui a été ravie au mépris de tout droit et de toute justice.

IX

Pour donner le change à l'Europe sur les véritables dispositions du peuple et l'exact état des choses en Egypte, les Anglais adoptèrent un plan d'une diabolique ingéniosité. Dans l'intérieur du pays ils établirent, comme on l'a vu, un ordre apparent basé sur l'intimidation. Un silence forcé est imposé au peuple et s'il ose cependant élever la voix, elle est systématiquement étouffée. Il convient de noter ici pour plus ample informé que les Anglais parcourent périodiquement la ville du Caire avec de grosses batteries et que des soldats indiens campent dans les moindres villes et villages de la Basse-Egypte.

Quant à empêcher la vérité de sortir d'Egypte et de se répandre en Europe, une censure rigoureuse a été instituée à cet effet et je rappelle que pour faire observer le silence aux patriotes égyptiens établis à l'étranger, les Anglais ne craignent pas de recourir à la menace par la faim. Il ne faut donc pas s'étonner si l'on croit généralement notre peuple sur la voie d'un progrès authentique et d'un mieux-être réel.

Pour éclairer l'opinion et lui donner une idée du véritable état des choses, je me permets de signaler encore certains faits éminemment propres à faire mesurer la haine justifiée et l'hostilité impitoyable que nous vouons à nos oppresseurs.

Pour mieux donner le change à l'opinion mondiale et inspirés par une perfidie absolument remarquable en ses applications, les Anglais se servirent comme complices et exécuteurs de leurs volontés, de certains princes et hommes d'Etat égyptiens gagnés à leur cause. Ainsi le prince Hussein Kamel, attiré par l'appât de l'or et alléché par toutes sortes de fausses promesses, accepta de trahir à la fois l'Egypte et la Turquie. Ce prince qui jouissait cependant dans le pays de la considération générale, se vit du coup renié et honni par toutes les classes de la population et même par certains de ses plus proches parents. Il ne tarda pas à être l'objet de plusieurs attentats consécutifs de la part des patriotes égyptiens. Le premier attentat, exécuté au revolver, faillit lui coûter la vie. L'auteur fut condamné à mort contrairement aux lois du pays et le Prince, pris de remords, demanda sa grâce sans que les Anglais, dont le but avoué était de semer la terreur, prissent sa demande en considération. Un peu plus tard, une bombe fut jetée, mais n'éclata pas, de sorte que le second attentat n'eut pas plus de succès que le premier.

Les Anglais se rendaient compte de la gravité des faits ; ils purent constater dans ses effets l'existence d'une conspiration contre la vie du Sultan et de ses ministres, agents de l'Angleterre et traîtres à leur patrie. Le ministre des Wakfs tomba victime d'un attentat exécuté au poignard par un patriote égyptien. A l'instruction de leurs procès, les auteurs de l'attentat firent preuve d'un grand héroïsme. Ils déclarèrent avec un imperturbable sang-froid aux ministres qui étaient venus assister à l'interrogatoire, qu'ils devaient s'attendre à leur perte, désirée et décidée par le peuple tout entier. Tous les Egyptiens, sans distinction de classe, manifestèrent leur admiration à ces purs héros.

A la suite de l'attentat à la bombe dont la police, malgré de longues et minutieuses recherches, n'avait pu découvrir les auteurs, les Anglais, pour ne pas s'avouer battus et pour le simple plaisir de sévir, arrêtèrent et inculpèrent des innocents, déférés devant la Cour d'assise, mais acquittés faute de preuves. Le Conseil de guerre britannique cassa ce juge-

ment et condamna les innocents à la peine
de mort. C'est ainsi que huit jeunes Egyptiens furent impitoyablement exécutés.

Il ne faut donc pas croire que le peuple
égyptien accepte tacitement le sort que lui
ont réservé ses oppresseurs anglais. D'ailleurs
l'une des preuves les plus frappantes du mécontentement général est constituée par la
lettre dont on lira plus bas le texte écrit de
la main de S. A. le Prince Kamel El Dine,
fils du Prince Hussein Kamel, décédé le 9 octobre 1917. Le Prince, en dépit de la profonde
vénération qu'il n'a cessé de témoigner à son
père et malgré les apparents honneurs et le
titre de Sultan à lui offerts, refusa de se faire
l'instrument de l'Angleterre dans l'œuvre d'asservissement de sa patrie. Le geste si beau et
si digne de ce prince qui n'a pas voulu con-
tinuer la politique d'abdication et de trahison
poursuivie par un père, atteste clairement
l'indéniable ressentiment que le régime anglais
inspire aux Egyptiens.

Voici cette lettre, écrite le 8 octobre 1917,
à la veille de la mort de Hussein Kamel, par
son fils unique, le Prince Kamel El Dine :

« Altesse,

Vous m'avez rappelé, Monseigneur, l'accord

4

intervenu entre votre Altesse et le gouvernement protecteur britannique, lors de votre ac-
cession au trône, et où il est stipulé qu'il ne
serait donné que plus tard une solution au
problème de la succession à ce trône. En
même temps vous avez bien voulu m'exprimer le désir que la succession au Sultanat
demeurât dans votre descendance mâle en
ligne directe.

Je reconnais pleinement le grand honneur
que Son Altesse m'a fait en me désignant
ainsi comme son héritier présomptif, mais tout
en respectant votre personne et votre règne
majestueux, j'ai la conviction ferme qu'en con-
servant ma position actuelle, je servirai mon
pays beaucoup mieux que dans nulle autre
position.

C'est pourquoi je vous demande de bien
vouloir m'autoriser à renoncer à tout droit et
à toute prétention à la succession au trône
d'Egypte, dont je pourrais me prévaloir en ma
qualité de votre fils unique.

Je déclare donc, en cette qualité, renoncer
à mes droits.

Je reste toujours votre fils dévoué et votre
serviteur le plus respectueux.

Le 8 octobre 1917.

(signé) KAMEL EL DINE.

Qu'on en juge par ce document qui montre clairement comment les Egyptiens s'accommodent du régime qu'on leur fait subir!. Il est à espérer qu'après tant d'irréfutables témoignages, l'opinion publique quitte son attitude d'indifférence et rende enfin à notre cause la justice que strictement elle mérite.

X

Tout récemment M. Bonnar Law a fait la déclaration que voici : « A moins d'être complètement vaincue, l'Angleterre ne quittera pas l'Egypte. » Par ces mots, tombés des lèvres d'un ministre anglais, et qui ne laissent rien à souhaiter en fait de clarté, l'Angleterre a jeté son masque d'hypocrisie qu'elle juge sans doute avoir suffisamment fait son emploi. Toute sa déloyauté, tout son cynisme politique apparaît à présent en plein jour. Les buts de guerre anglais, tout d'abord cachés sous le voile d'un ensemble de principes spécieux, ne sont donc qu'annexions et conquêtes !

S'il est vrai que la Grande-Bretagne n'est pas disposée à abandonner l'Egypte à moins d'être vaincue, la condition sine qua non du relèvement du peuple égyptien, de son indépendance et de sa liberté est fournie par la défaite de l'Angleterre.

A la lumière de ce que nous venons de dire, il n'est plus difficile de comprendre pourquoi l'Angleterre s'acharne à conquérir la Palestine : cette opération militaire n'a pour but que de mieux mettre à l'abri d'une attaque ou d'une invasion du dehors, l'Egypte et le canal de Suez.

Il apparait clairement que l'Angleterre fait obstacle à la conclusion d'une paix juste, conforme aux légitimes aspirations des peuples et aux intérêts de l'humanité toute entière. L'Angleterre foule aux pieds le principe des nationalités et accumule injustice sur injustice, non seulement en Egypte, mais encore ailleurs. La défaite de l'Angleterre parait donc être une nécessité absolue si l'on veut appliquer dans le monde entier les principes dont s'énorgueillit l'homme moderne.

TABLE DES MATIÈRES